ORCHESTER-PROBESPIEL
HORN

Sammlung wichtiger Passagen aus der
Opern- und Konzertliteratur

TEST PIECES FOR ORCHESTRAL AUDITIONS
FRENCH HORN

Excerpts from the Operatic and Concert Repertoire

In Zusammenarbeit mit der	Compiled in cooperation with the
Deutschen Orchestervereinigung e. V. (DOV)	Deutsche Orchestervereinigung e. V. (DOV)
herausgegeben von	Edited by

Johannes Ritzkowsky und Alois Spach

EIGENTUM DES VERLEGERS · ALLE RECHTE VORBEHALTEN

C. F. PETERS · FRANKFURT/M.
LEIPZIG · LONDON · NEW YORK

Gedruckt mit Unterstützung der Deutschen Orchestervereinigung e. V. (DOV)

Vorwort

Seit langem besteht in Orchestern und an den ausbildenden Hochschulen der Wunsch nach einer praktischen und leicht zugänglichen Ausgabe der bei einem Probespiel vorgelegten Orchesterstellen. Von einem Orchestermusiker wird erwartet, daß er neben der Sololiteratur seines Instrumentes insbesondere das Repertoire der Opern- und Konzertliteratur kennt und beherrscht. Für die vorliegende Ausgabe wurden jene Passagen zusammengestellt, deren Beherrschung unabdingbare Voraussetzung für die Aufnahme in ein Orchester ist. Im Unterschied zu den in großer Fülle vorhandenen „Orchesterstudien" konzentriert sich die Sammlung auf das in der Probespiel-Praxis übliche Material. Sie bildet somit eine Grundlage für die praxisorientierte Ausbildung des Orchesternachwuchses; dem praktizierenden Musiker dient sie darüber hinaus zur wiederholten Übung schwieriger Stellen.

Angeregt wurde das Projekt vom Deutschen Musikrat und den Musikhochschulen. Die Auswahl der Orchesterstellen beruht auf einer statistischen Erhebung der Deutschen Orchestervereinigung (DOV) sowie auf der langjährigen Berufserfahrung der einzelnen Herausgeber als Orchestermusiker und Hochschulpädagogen.

Der gesamten Serie liegen folgende Editionsprinzipien zugrunde:

Der originale Notentext und die originalen Metronomzahlen wurden unverändert übernommen; Zusätze der Herausgeber stehen in eckigen Klammern. Taktzahlen, Richtziffern oder Studierbuchstaben sind dem Orchestermaterial entsprechend wie folgt wiedergegeben:

|132| = Taktzahl   (15) = Richtziffer |F| = Studierbuchstabe

Auslassungen am Anfang, in der Mitte oder am Schluß einer Passage sind durch quergestellte Schrägstriche gekennzeichnet.

Selbstverständlich sollten die hier vorgelegten Passagen auch stets im Gesamtzusammenhang der jeweiligen Komposition gesehen werden. Das Partiturstudium und das Hören der Werke seien daher als wichtige Ergänzung empfohlen.

C. F. Peters, Frankfurt
B. Schott's Söhne, Mainz

Preface

For many years orchestras and conservatories have wanted a practical and easily accessible edition of the orchestral passages required at auditions. An orchestral musician is expected to know and to have mastered not only the solo literature of his instrument but especially the opera and concert repertoire as well. The present edition contains those passages which a musician is expected to have at his or her command before being accepted into an orchestra. Unlike the many existing "orchestral studies", this collection focuses on the material commonly used in auditions. It thus forms a foundation for the practical training of young orchestral musicians, and serves professional musicians as a means of practicing difficult passages.

This project was initiated at the behest of the German Music Council and the German conservatories. It is based on statistical studies carried out by the German Union of Orchestras and on many years of professional experience gained by the editors themselves, all of whom are members of orchestras and conservatory staffs.

The following editorial principles underlie the entire series:

The original text of the music and the original metronome marks have been taken over without modification; editorial additions are enclosed in square brackets. Measure numbers and rehearsal numbers or letters have been included from the orchestral material as follows:

|132| = measure number   (15) = rehearsal number |F| = rehearsal letter

Cuts at the beginning, middle or end of a passage are indicated by intervening slashes.

It goes without saying that the passages included here should always be viewed in the overall context of the piece in question. To augment these studies we strongly advise studying the scores and listening to the music.

C. F. Peters, Frankfurt
B. Schott's Söhne, Mainz

Die Herausgeber der einzelnen Bände / The editors of the individual volumes:

Flöte

Christoph Dürichen (Frankfurter Opernhaus- und Museumsorchester/Hochschule für Musik und Darstellende Kunst Frankfurt)

Siegfried Kratsch (Sinfonieorchester Wuppertal/Hochschule für Musik Köln, Abteilung Wuppertal)

Oboe

Vojislav Miller (Frankfurter Opernhaus- und Museumsorchester/Hochschule für Musik und Darstellende Kunst Frankfurt)

Winfried Liebermann (Philharmonisches Staatsorchester Hamburg/Staatliche Hochschule für Musik Heidelberg-Mannheim)

Klarinette

Heinz Hepp (Radio-Sinfonie-Orchester Frankfurt/Akademie für Tonkunst Darmstadt)

Albert Rohde (Philharmonisches Orchester Kiel)

Fagott

Karl Kolbinger (Symphonieorchester des Bayerischen Rundfunks/Hochschule für Musik München)

Alfred Rinderspacher (Staatliche Hochschule für Musik Heidelberg-Mannheim)

Horn

Johannes Ritzkowsky (Symphonieorchester des Bayerischen Rundfunks/Richard-Strauss-Konservatorium München)

Alois Spach (Frankfurter Opernhaus- und Museumsorchester)

Trompete

Joachim Pliquett (Deutsches Symphonie-Orchester Berlin)

Hansfred Lösch (Saarländisches Staatsorchester Saarbrücken)

Mitarbeit: Konradin Groth, Arno Lange (Berlin), Paul Lachenmeir (München)

Posaune

Eberhard Pleyer (Saarländisches Staatsorchester Saarbrücken)

Armin Rosin (Radio-Sinfonie-Orchester Stuttgart)

Tuba

Mark Evans (Orchester der Deutschen Oper Berlin)

Klemens Pröpper (Niedersächsisches Staatsorchester Hannover/Hochschule für Musik Detmold/Hochschule für Musik und Theater Hannover)

Pauke / Schlagzeug

Hermann Gschwendtner (Richard-Strauss-Konservatorium München/Münchner Philharmoniker)

Hans-Jochen Ulrich (Orchester der Deutschen Oper Berlin)

Harfe

Ruth Konhäuser (Niedersächsisches Staatsorchester Hannover/Orchester der Bayreuther Festspiele/Hochschule für Musik Detmold/Hochschule für Musik und Theater Hannover)

Helga Storck (Münchner Philharmoniker/Orchester der Bayreuther Festspiele/Philharmonisches Staatsorchester Hamburg/Rundfunk-Sinfonie-Orchester Köln/Hochschule für Musik Köln/Hochschule für Musik München)

Violine

Karin Boerries-Bosbach (Frankfurter Opernhaus- und Museumsorchester)

Oswald Kästner (Philharmonisches Staatsorchester Hamburg/Orchester der Bayreuther Festspiele)

Viola

Kurt Jenisch (Philharmonisches Orchester Regensburg/Staatliche Hochschule für Musik Heidelberg-Mannheim)

Eckart Schloifer (Rundfunk-Sinfonieorchester Saarbrücken/Hochschule für Musik und Darstellende Kunst Frankfurt)

Violoncello

Rolf Becker (Orchester der Deutschen Oper Berlin)

Rudolf Mandalka (Düsseldorfer Symphoniker/Robert-Schumann-Hochschule Düsseldorf)

Kontrabaß

Fritz Maßmann (Württembergisches Staatsorchester Stuttgart/Staatliche Hochschule für Musik Trossingen)

Gerd Reinke (Orchester der Deutschen Oper Berlin/Hochschule der Künste Berlin)

INHALT/CONTENTS

Horn

Johann Sebastian Bach (1685–1750)	Messe in h-Moll Quoniam tu solus sanctus	2
Ludwig van Beethoven (1770–1827)	Sinfonie Nr. 3 Es-Dur op. 55 („Eroica") 1. Satz 3. Satz: Scherzo 4. Satz: Finale	3 4 4
	Sinfonie Nr. 5 c-Moll op. 67 1. Satz 3. Satz 4. Satz	5 5 6
	Sinfonie Nr. 6 F-Dur op. 68 („Pastorale") 1. Satz 3. Satz 5. Satz	6 7 7
	Sinfonie Nr. 7 A-Dur op. 92 1. Satz 4. Satz	8 9
	Sinfonie Nr. 8 F-Dur op. 93 3. Satz	10
	Sinfonie Nr. 9 d-Moll op. 125 3. Satz	11
	Fidelio op. 72 Ouverture Nr. 9 Rezitativ und Arie der Leonore Nr. 8 Duett Pizarro-Rocco	11 12 16
Johannes Brahms (1833–1897)	Sinfonie Nr. 1 c-Moll op. 68 2. Satz 4. Satz	17 18
	Sinfonie Nr. 2 D-Dur op. 73 1. Satz 2. Satz	18 19
	Sinfonie Nr. 3 F-Dur op. 90 3. Satz	19
	Sinfonie Nr. 4 e-Moll op. 98 2. Satz	20
	Klavierkonzert Nr. 1 d-Moll op. 15 1. Satz	20
	Klavierkonzert Nr. 2 B-Dur op. 83 1. Satz	20
Anton Bruckner (1824–1896)	Sinfonie Nr. 4 Es-Dur („Romantische") 1. Satz	21
Antonín Dvořák (1841–1904)	Sinfonie Nr. 9 e-Moll („Aus der neuen Welt") 3. Satz: Scherzo 4. Satz	21 22
César Franck (1822–1890)	Sinfonie d-Moll 2. Satz	22
Georg Friedrich Händel (1685–1759)	Julius Caesar Nr. 14 Arie des Caesar	22
Joseph Haydn (1732–1809)	Sinfonie Nr. 45 fis-Moll („Abschieds-Sinfonie") 4. Satz	24
	Sinfonie Nr. 55 Es-Dur („Der Schulmeister") 4. Satz: Finale	24
Paul Hindemith (1895–1963)	Symphonia serena	24
	Symphonie „Mathis der Maler" III. Die Versuchung des heiligen Antonius	29
Albert Lortzing (1801–1851)	Der Waffenschmied Ouverture	29
	Der Wildschütz 3. Akt Nr. 16 Finale	30

Gustav Mahler (1860–1911)	Sinfonie Nr. 1 D-Dur 1. Satz	30
	Sinfonie Nr. 4 G-Dur 1. Satz	31
	Sinfonie Nr. 5 cis-Moll 3. Satz: Scherzo	32
	Sinfonie Nr. 7 e-Moll 2. Satz: Nachtmusik	34
	Sinfonie Nr. 9 D-Dur 1. Satz	38
Heinrich Marschner (1795–1861)	Der Vampyr Ouverture	38
Felix Mendelssohn Bartholdy (1809–1847)	Ein Sommernachtstraum op. 61 Nr. 7 Notturno	39
Wolfgang Amadeus Mozart (1756–1791)	Sinfonie Nr. 29 A-Dur KV 201 4. Satz	40
	Sinfonie Nr. 40 g-Moll KV 550 3. Satz: Menuett	40
	Così fan tutte KV 588 2. Akt Nr. 25 Rondo	40
	Idomeneo KV 366 2. Akt Nr. 8 Arie der Ilia	42
Giacomo Puccini (1858–1924)	Tosca 3. Akt	42
Maurice Ravel (1875–1937)	Klavierkonzert G-Dur 1. Satz	43
	Daphnis et Chloé	43
Gioacchino Rossini (1792–1868)	Der Barbier von Sevilla Ouverture	43
	Die diebische Elster Ouverture	43
	Der Türke in Italien Ouverture	44
Dmitri Schostakowitsch (1906–1975)	Sinfonie Nr. 9 Es-Dur op. 70 3. Satz	44
	Violoncellokonzert Nr. 2 op. 126 2. Satz	44
	3. Satz	45
Franz Schubert (1797–1828)	Sinfonie Nr. 8 C-Dur D 944 1. Satz	48
Robert Schumann (1810–1856)	Sinfonie Nr. 3 Es-Dur op. 97 („Rheinische") 1. Satz	48
	2. Satz: Scherzo	50
	4. Satz	51
Richard Strauss (1864–1949)	Don Juan op. 20	52
	Till Eulenspiegels lustige Streiche op. 28	53
	Ein Heldenleben op. 40	56
	Der Rosenkavalier op. 59 1. Aufzug (Einleitung)	60
	2. Aufzug	62
	3. Aufzug	63
	Die Frau ohne Schatten op. 65 1. Aufzug 1. Szene	64
	Die schweigsame Frau op. 80 1. Aufzug (Finale)	64
	2. Aufzug 8. Szene	66
	Daphne op. 82	66
	Die Liebe der Danae op. 83 2. Aufzug	69
	Capriccio op. 85	70

Igor Strawinsky (1882–1971)	Psalmensinfonie 3. Satz	72
	Der Kuß der Fee Valse	72
Peter I. Tschaikowsky (1840–1893)	Sinfonie Nr. 4 f-Moll op. 36 1. Satz	74
	Sinfonie Nr. 5 e-Moll op. 64 2. Satz	75
Giuseppe Verdi (1813–1901)	Othello 1. Akt	75
	2. Akt	75
Richard Wagner (1813–1883)	Rienzi 1. Aufzug 4. Szene (Finale)	76
	Die Meistersinger von Nürnberg 1. Aufzug 2. Szene	76
	2. Aufzug 6. Szene	76
	3. Aufzug 3. Szene	78
	Lohengrin 3. Aufzug (Einleitung)	78
	Das Rheingold Vorspiel	78
	Siegfried 2. Aufzug 2. Szene	79
	Götterdämmerung 1. Aufzug 2. Szene	80
	2. Aufzug Vorspiel und 1. Szene	80
	2. Aufzug 2. Szene	80
	3. Aufzug (Vorspiel)	82
	Parsifal 3. Aufzug	83
	Siegfried-Idyll	83
Carl Maria von Weber (1786–1826)	Der Freischütz Ouverture	84

Wagner-Tuba

Anton Bruckner	Sinfonie Nr. 7 E-Dur 2. Satz	85
	4. Satz	87
Richard Strauss	Elektra op. 58	91
Richard Wagner	Das Rheingold 2. Szene	92
	3. Szene	94
	4. Szene	94
	Siegfried 2. Aufzug 2. Szene	95
	3. Aufzug (Vorspiel)	96
	Die Walküre 1. Aufzug (Vorspiel)	97
	1. Aufzug 2. Szene	98
	2. Aufzug 4. Szene	99
	2. Aufzug 5. Szene	100
	Götterdämmerung 3. Aufzug 2. Szene	102

Orchester-Probespiel für Horn

Herausgegeben von Johannes Ritzkowsky und Alois Spach

Messe in h-Moll

Arie „Quoniam tu solus sanctus"
Corno da caccia in D

J. S. Bach
BWV 232

Sinfonie Nr. 3
Es-Dur / E♭ major („Eroica")

1. Satz
Allegro con brio (♩. = 60)

L. van Beethoven
op. 55

3. Satz: Scherzo
Allegro vivace (♩. = 116)

4. Satz: Finale
Allegro molto   Poco Andante (♩ = 108)

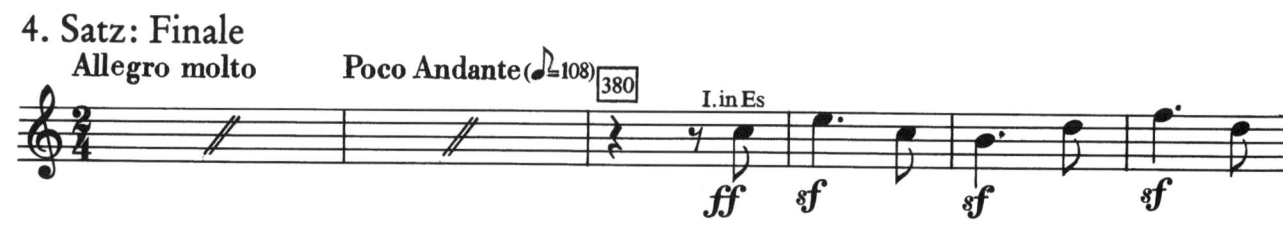

Sinfonie Nr. 5
c-Moll / C minor

1. Satz
L. van Beethoven
op. 67

3. Satz

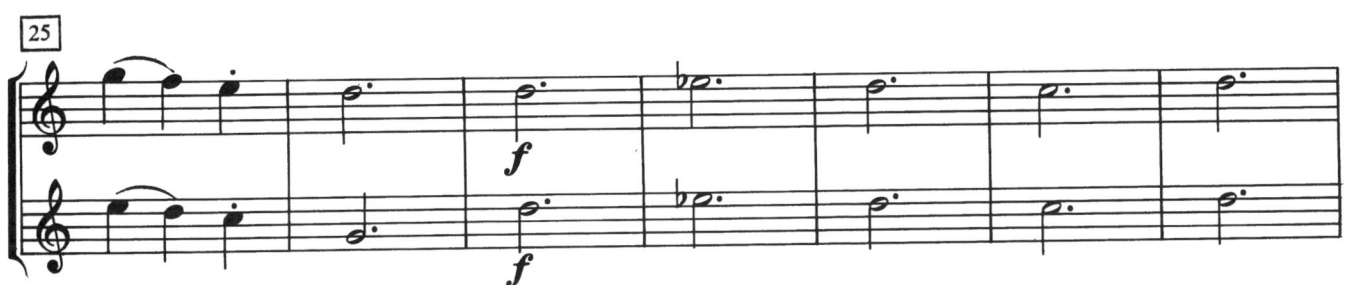

(Fortsetzung nächste Seite)

4. Satz
Allegro (♩ = 84)

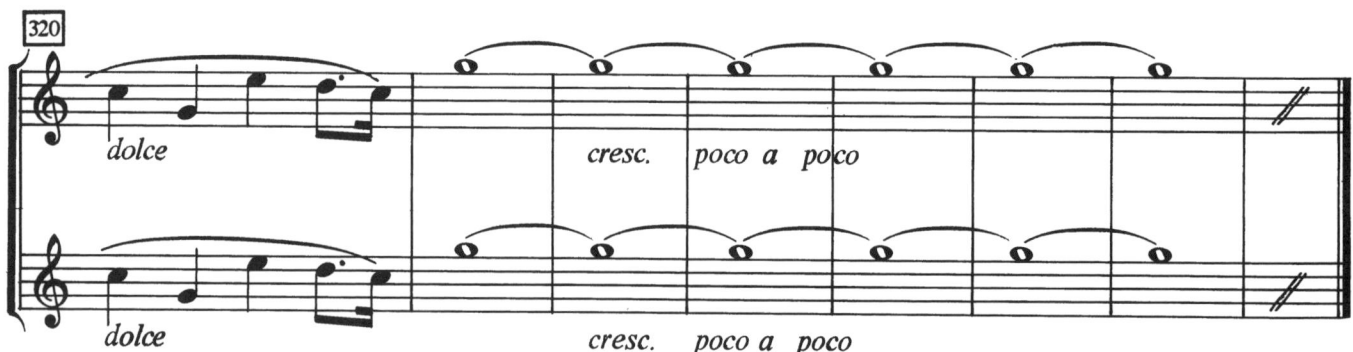

Sinfonie Nr. 6
F-Dur / F major ("Pastorale")

1. Satz
Erwachen heiterer Empfindungen
bei der Ankunft auf dem Lande

Allegro ma non troppo (♩ = 66)

L. van Beethoven
op. 68

3. Satz
Lustiges Zusammensein der Landleute
Allegro (♩. = 108)

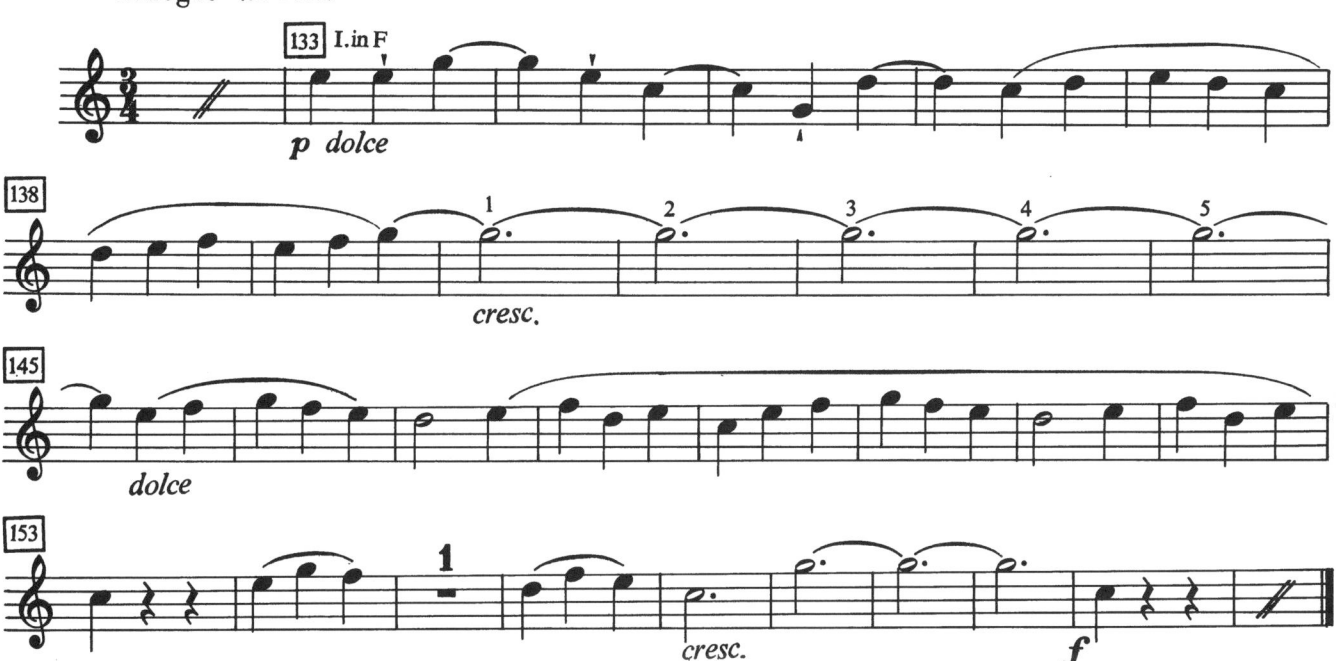

5. Satz
Hirtengesang. Frohe und dankbare
Gefühle nach dem Sturm
Allegretto (♩. = 60)

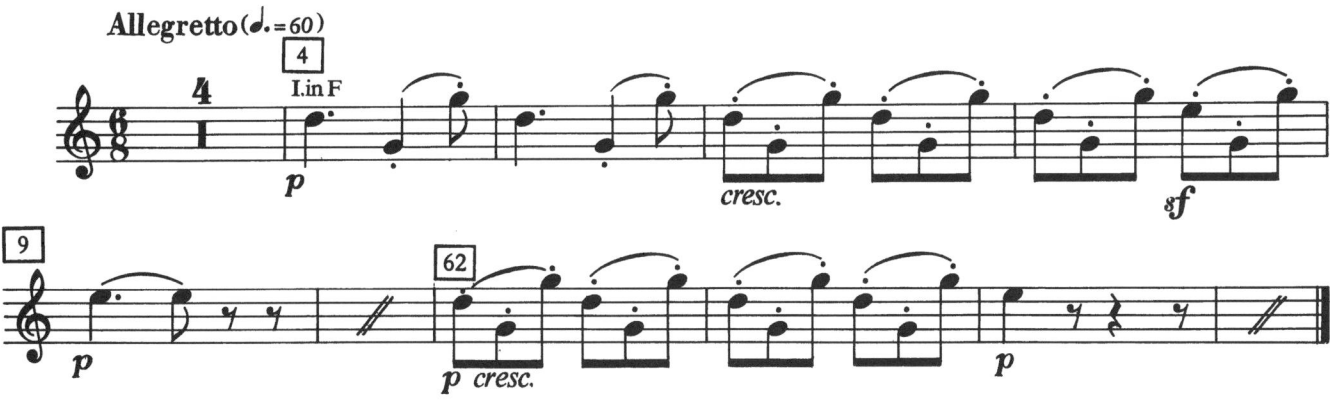

Sinfonie Nr. 7

A-Dur / A major

1. Satz

L. van Beethoven, op. 92

4. Satz
Allegro con brio ($\d = 72$)

Sinfonie Nr. 8
F-Dur / F major

3. Satz

Tempo di Minuetto (♩=126)

L. van Beethoven, op. 93

Nr. 9 Rezitativ und Arie der Leonore

Nr. 8 Duett Pizarro – Rocco
Allegro con brio (♩ = 192)

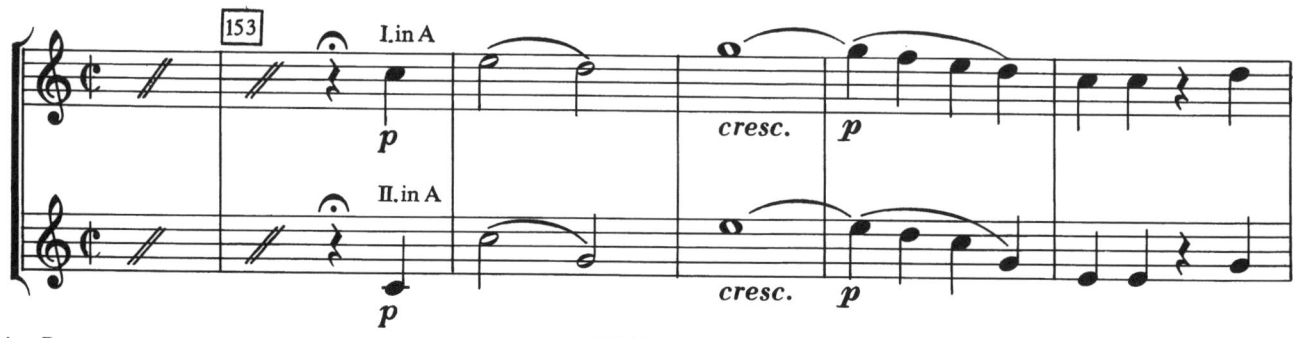

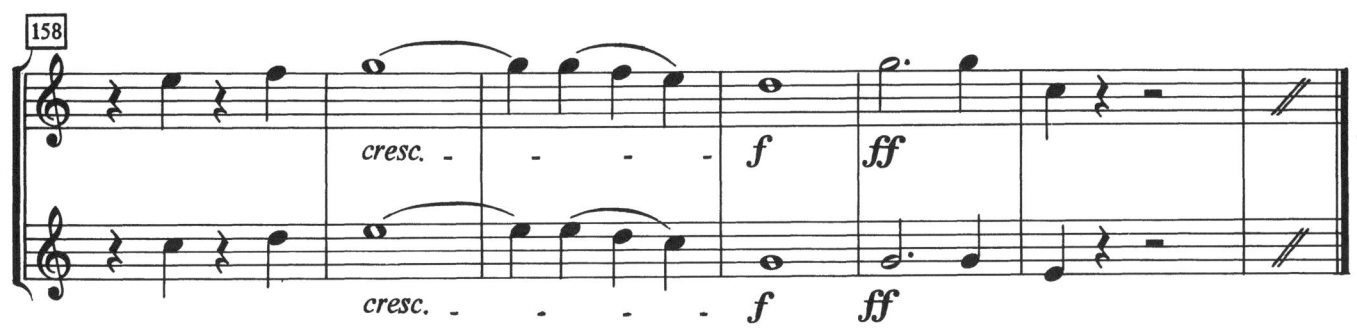

Sinfonie Nr. 1
c-Moll / C minor

2. Satz
Andante sostenuto

Johannes Brahms
op. 68

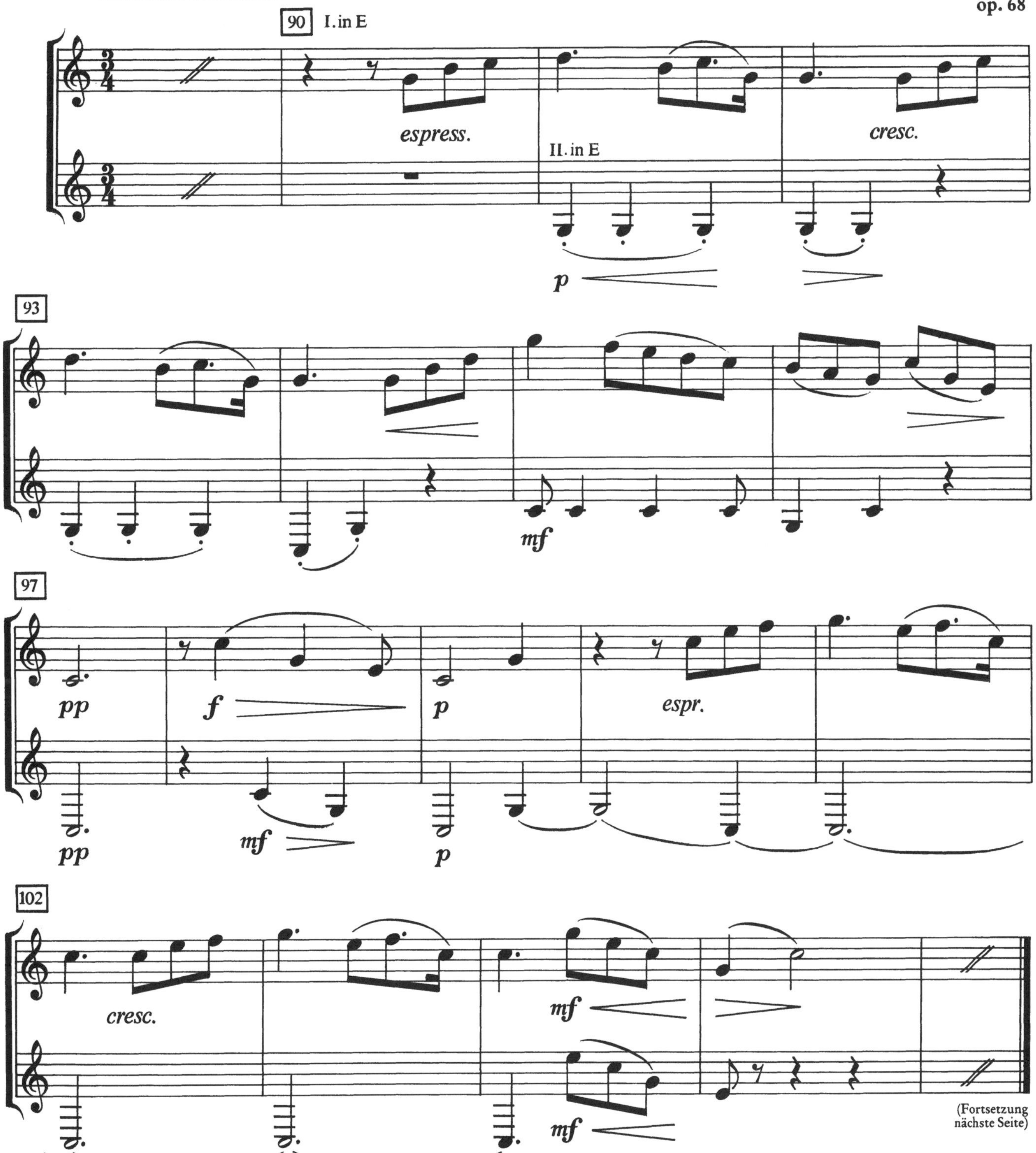

(Fortsetzung nächste Seite)

Sinfonie Nr. 4
e-Moll / E minor

2. Satz
Andante moderato

Johannes Brahms
op. 98

Klavierkonzert Nr. 1
d-Moll / D minor

1. Satz
Maestoso
Poco più moderato

Johannes Brahms
op. 15

* In den Takten 423-443 wird der gleiche Notentext vom I. Horn in D gespielt

Klavierkonzert Nr. 2
B-Dur / B♭ major

1. Satz
Allegro non troppo ♩ = 92

Johannes Brahms
op. 83

Sinfonie Nr. 4
Es-Dur / E♭ major („Romantische")

1. Satz
Bewegt, nicht zu schnell

Anton Bruckner

Sinfonie Nr. 9
e-Moll / E minor („Aus der neuen Welt")

3. Satz: Scherzo
Molto vivace ♩. = 80

Antonín Dvořák
op. 95

(Fortsetzung nächste Seite)

22

4. Satz
Allegro con fuoco un poco sostenuto

Sinfonie d-Moll
D minor
César Franck

2. Satz
Allegretto

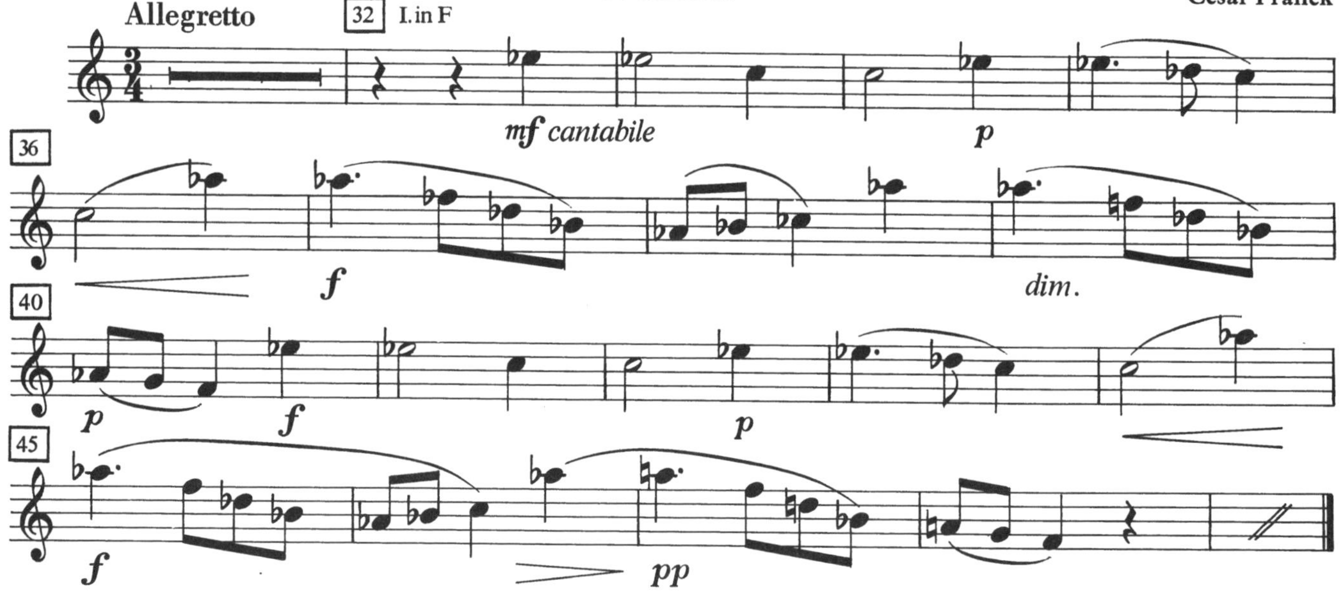

Julius Caesar
G. Fr. Händel

Nr. 14 Arie des Caesar
Andante e piano [♩ = 88]

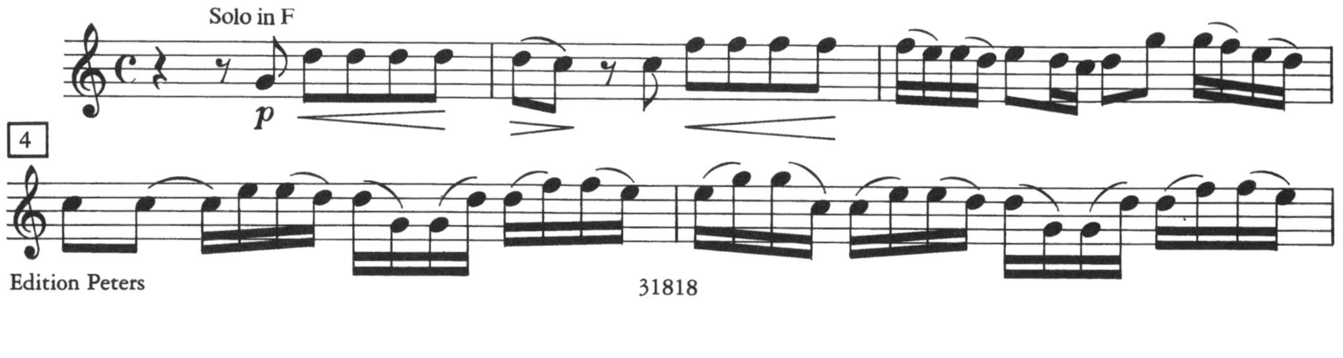

Sinfonie Nr. 45

fis-Moll / F# minor („Abschieds-Sinfonie")

4. Satz: Coda
Adagio

Joseph Haydn

Sinfonie Nr. 55

Es-Dur / E♭ major („Der Schulmeister")

4. Satz: Finale

Joseph Haydn

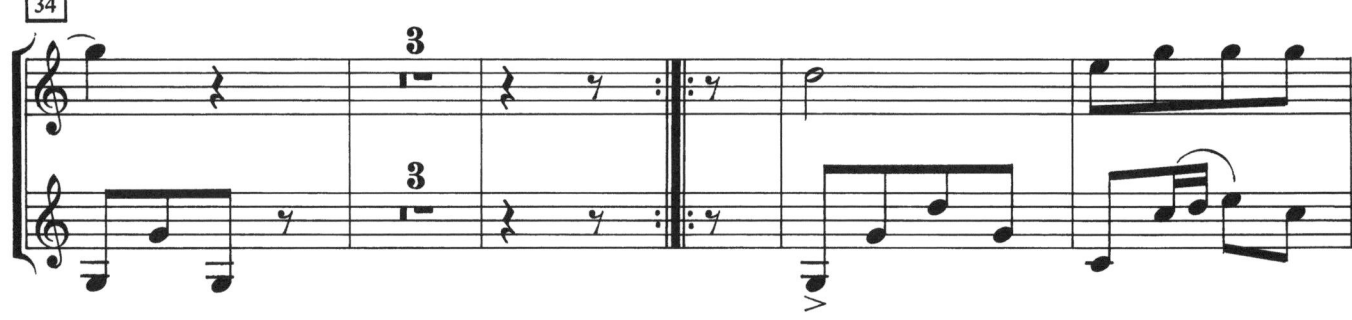

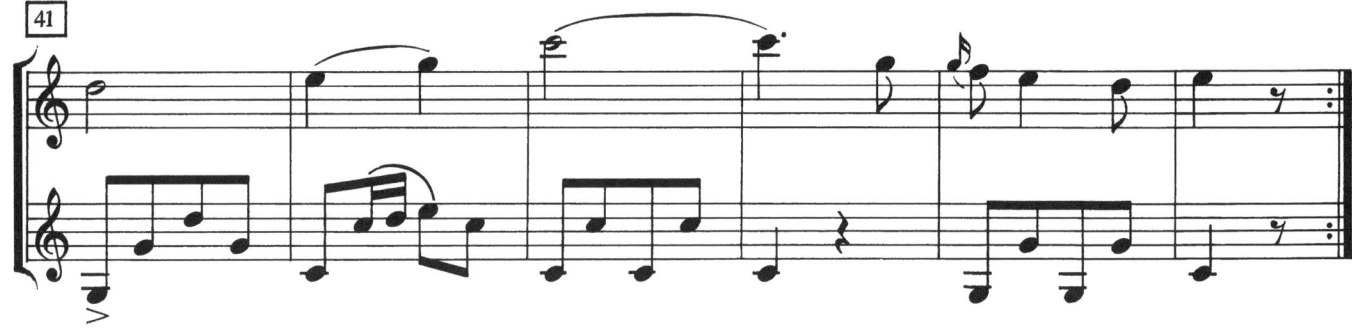

Symphonia serena

Paul Hindemith

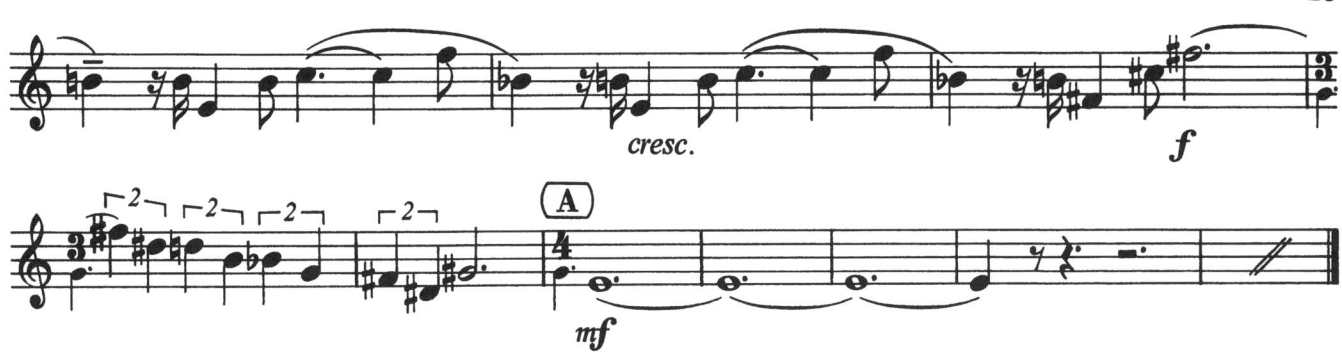

Finale
Heiter (♩ = 76)

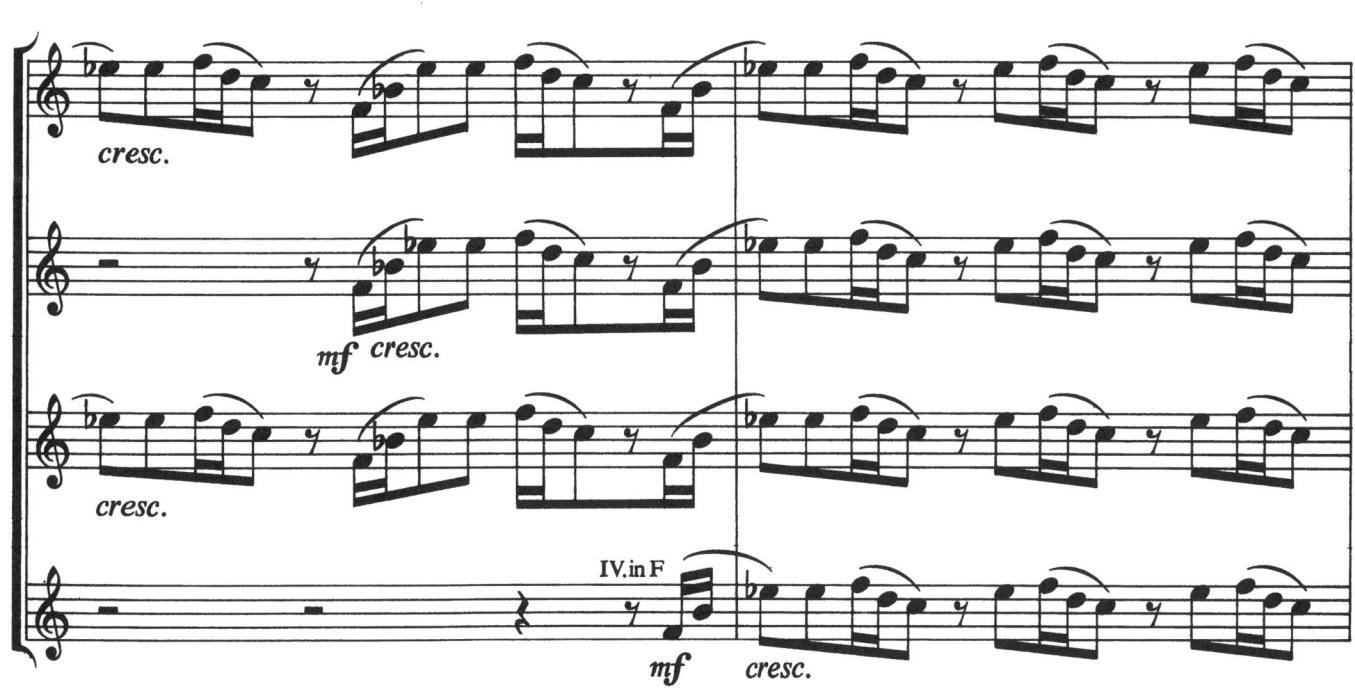

26

28

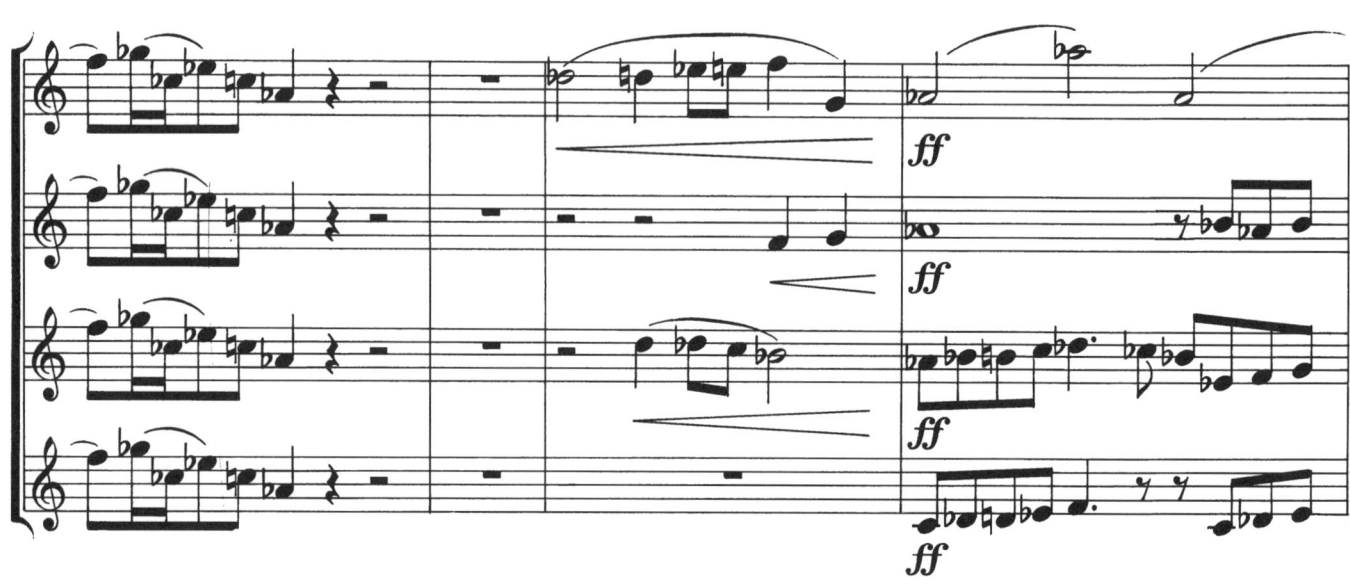

Mit freundlicher Genehmigung des Verlages B. Schott's Söhne, Mainz.

Edition Peters   31818

Symphonie „Mathis der Maler"

III. Die Versuchung des heiligen Antonius

Lebhaft ♩ etwa 144 [𝅗𝅥 = 84]

Paul Hindemith

Mit freundlicher Genehmigung des Verlages B. Schott's Söhne, Mainz.

Der Waffenschmied

Ouverture
Larghetto [♩ = 69]

Albert Lortzing

Der Wildschütz

3. Akt
Nr. 16 Finale

Albert Lortzing

Sinfonie Nr. 1
D-Dur / D major

1. Satz

Gustav Mahler

Sinfonie Nr. 4
G-Dur / G major

1. Satz

Gustav Mahler

Sinfonie Nr. 5
cis-Moll / C# minor

3. Satz: Scherzo

Gustav Mahler

36

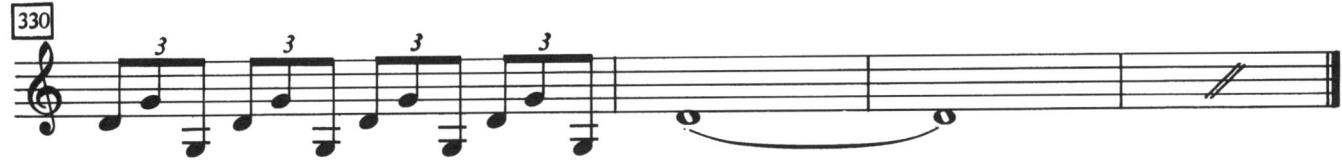

Klavierkonzert G-Dur

1. Satz

Maurice Ravel

© 1932 – Copropriété de REDFIELD et de NORDICE,
représentation exclusive par les Editions DURAND, Paris (France)

Daphnis et Chloé

Maurice Ravel

© 1934 – Copropriété de REDFIELD et de NORDICE,
représentation exclusive par les Editions DURAND, Paris (France)

Der Barbier von Sevilla

Ouverture

Gioacchino Rossini

Die diebische Elster

Ouverture

Gioacchino Rossini

3. Satz
Allegretto ♩ = 100

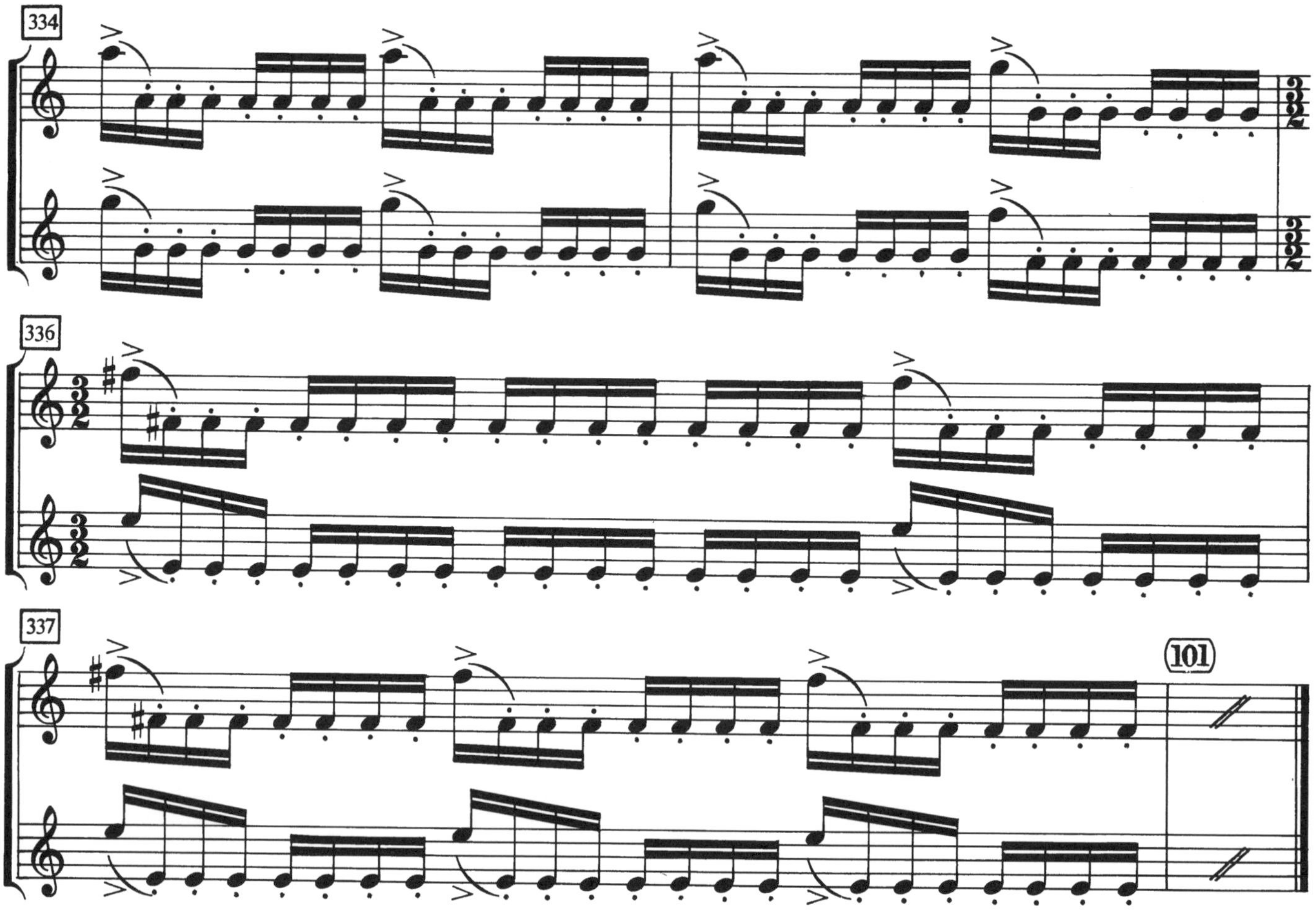

48

© Mit freundlicher Genehmigung MUSIKVERLAG HANS SIKORSKI GmbH & Co, Hamburg

Sinfonie Nr. 8
C-Dur / C major

1. Satz
Andante

Franz Schubert
D 944

Sinfonie Nr. 3
Es-Dur / E♭ major („Rheinische")

1. Satz
Lebhaft ♩ = 66

Robert Schumann
op. 97

Edition Peters
31818

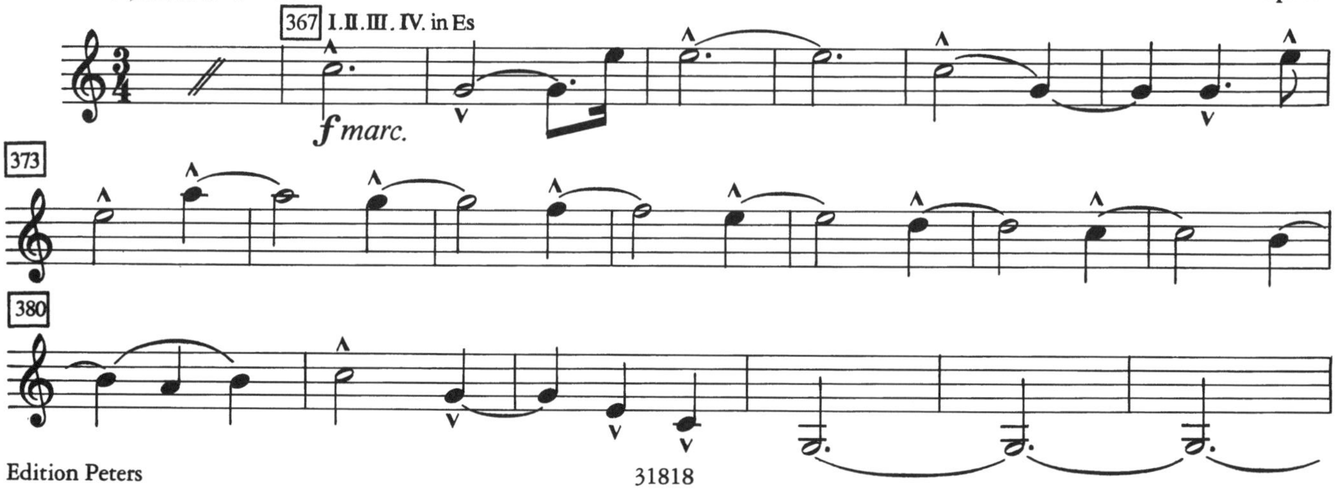

2. Satz: Scherzo

Don Juan

Richard Strauss, op. 20

Till Eulenspiegels lustige Streiche

Richard Strauss op. 28

Ein Heldenleben

Richard Strauss
op. 40

58

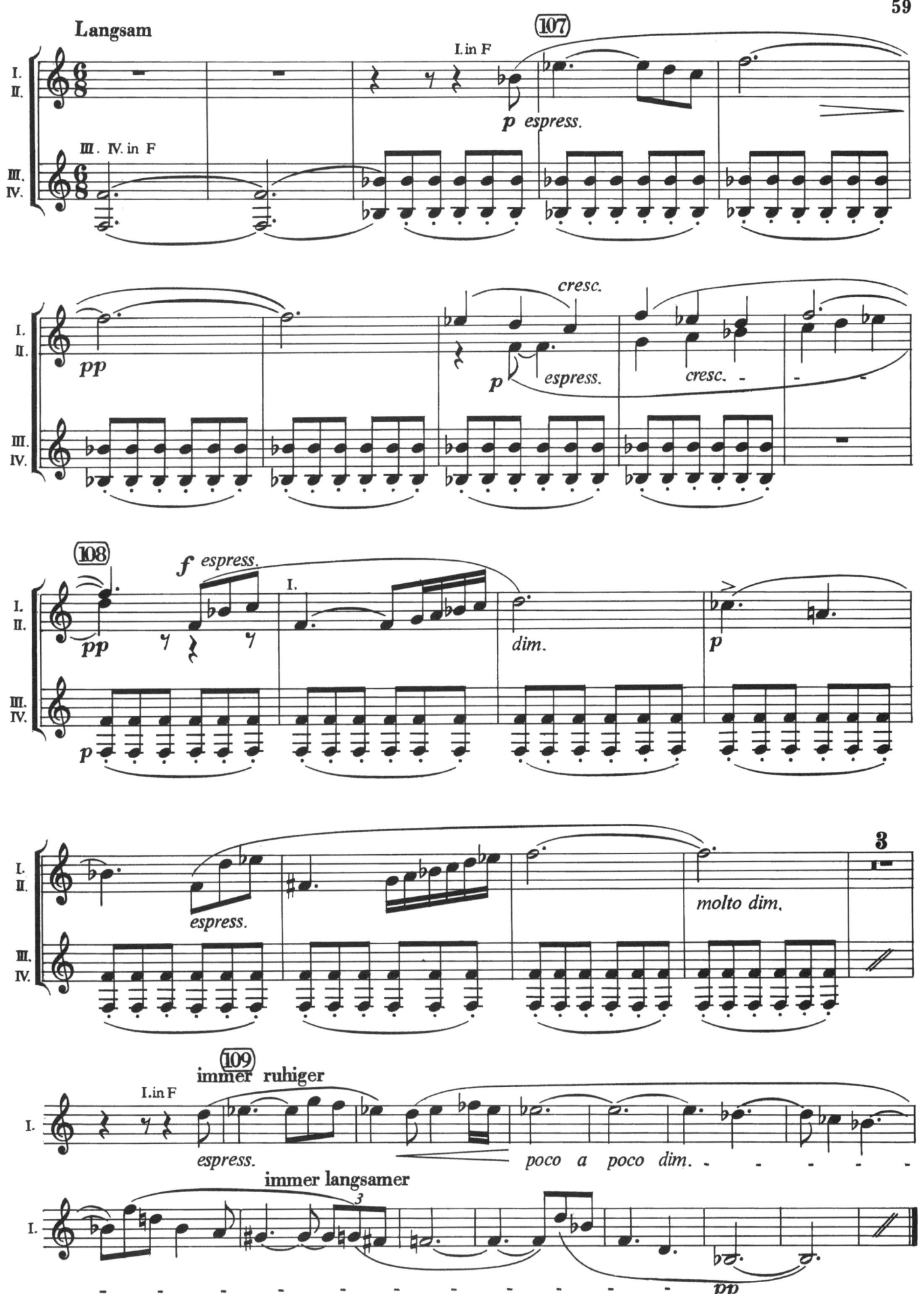

Der Rosenkavalier

1. Aufzug
Einleitung

Richard Strauss
op. 59

2. Aufzug

Die Frau ohne Schatten

1. Aufzug
1. Szene
Wild und stürmisch [♩ = 108]

Richard Strauss
op. 65

© 1919 by Adolph Fürstner
© assigned 1943 to Boosey & Hawkes Inc.
© renewed 1946 by Boosey & Hawkes Ltd.
Alleinvertretung für Deutschland, Italien, Portugal und die Länder der ehem. Sowjetunion:
B. Schott's Söhne, Mainz.

Die schweigsame Frau

1. Aufzug
Finale
Stretta ♩ = 152

Richard Strauss
op. 80

2. Aufzug
8. Szene

© 1935 by Richard Strauss
Mit Genehmigung der Urheberrechtsgemeinschaft Dr. Richard Strauss, Garmisch-Partenkirchen, und des Musikverlages Boosey & Hawkes Ltd. London

Daphne

Peneios: „Seid ihr um mich, ihr Hirten alle?"

Richard Strauss
op. 82

Mäßig langsam

Die Liebe der Danae

Richard Strauss
op. 83

2. Aufzug

© 1938 by Johannes Oertel
Mit Genehmigung der Urheberrechtsgemeinschaft Dr. Richard Strauss, Garmisch-Partenkirchen und des Musikverlages Boosey & Hawkes Ltd. London

70

© 1944 by Johannes Oertel
Mit Genehmigung der Urheberrechtsgemeinschaft Dr. Richard Strauss,
Garmisch-Partenkirchen und des Musikverlages Boosey & Hawkes Ltd.
London

Capriccio

Letzte Szene

Richard Strauss
op. 85

Andante con moto [♩ = 96-100]

Edition Peters

31818

3. Satz

Psalmensinfonie

Igor Strawinsky

Tempo 𝅗𝅥 = 80

Valse

Der Kuß der Fee

Igor Strawinsky

Poco più lento 𝅗𝅥. = 60

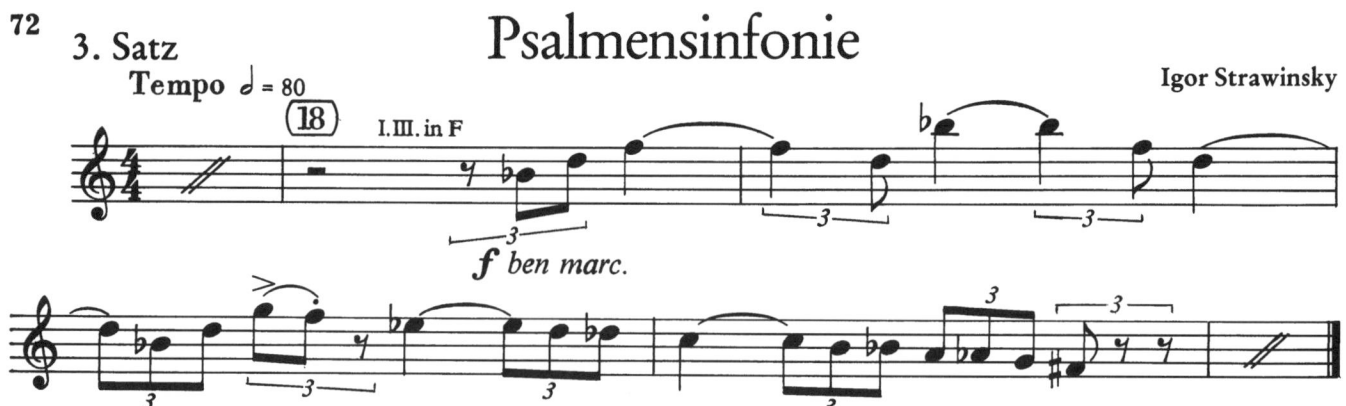

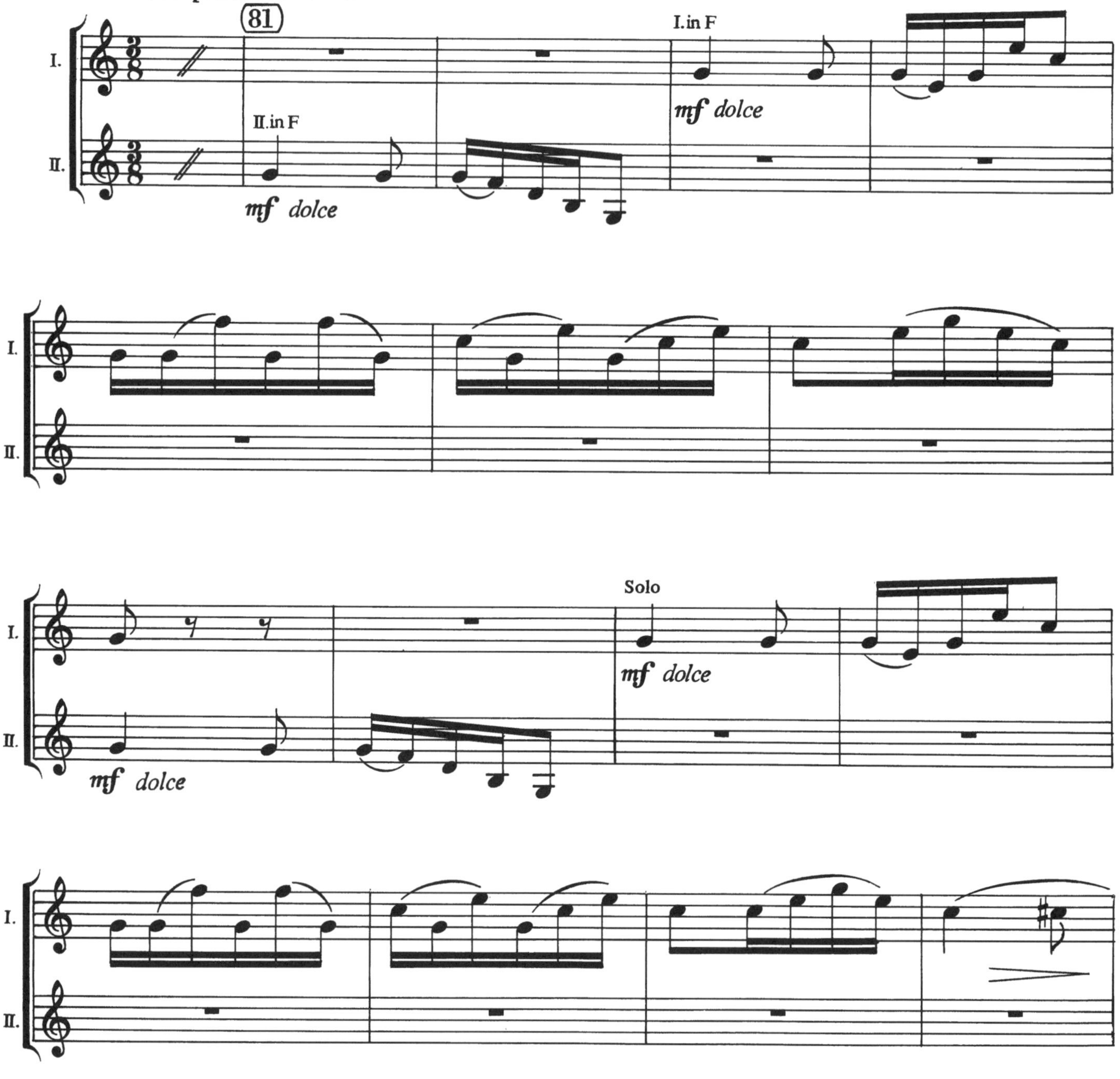

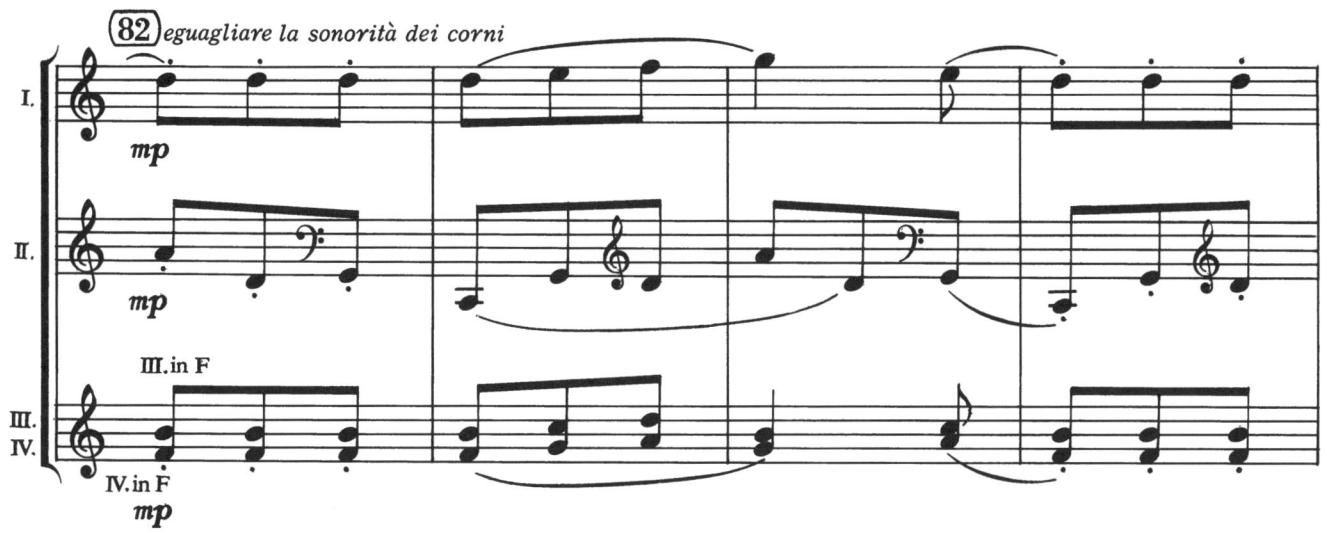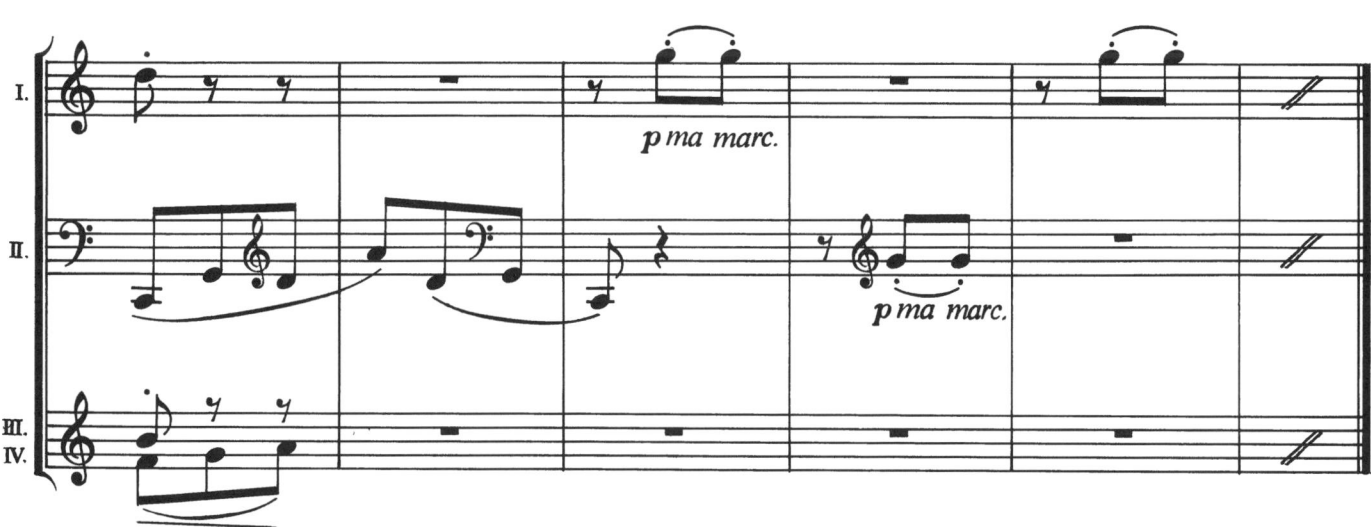

Sinfonie Nr. 4
f-Moll / F minor

Peter I. Tschaikowsky
op. 36

1. Satz

Moderato con anima (♩. = in movimento di Valse)

Rienzi

1. Aufzug
4. Szene (Finale)

Richard Wagner

Die Meistersinger von Nürnberg

1. Aufzug
2. Szene

Richard Wagner

2. Aufzug
6. Szene

3. Aufzug
3. Szene

Lohengrin
3. Aufzug
Einleitung

Richard Wagner

Das Rheingold
Vorspiel

Richard Wagner

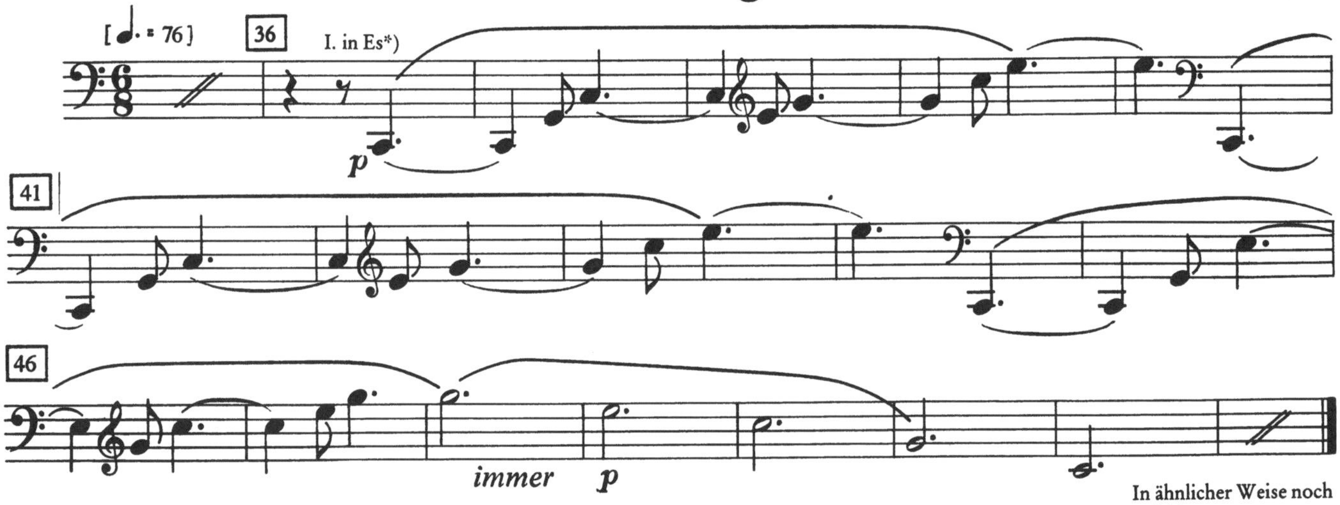

*) Die Hörner II.–VIII. spielen dasselbe zeitversetzt im Kanon.

In ähnlicher Weise noch 84 Takte

Siegfried

2. Aufzug
2. Szene (Siegfried-Ruf)

Richard Wagner

Götterdämmerung

Richard Wagner

1. Aufzug
2. Szene

2. Aufzug
Vorspiel und 1. Szene

2. Szene

3. Aufzug
Vorspiel

Lebhaft, doch mäßig im Zeitmaß [♩. = 80–84]

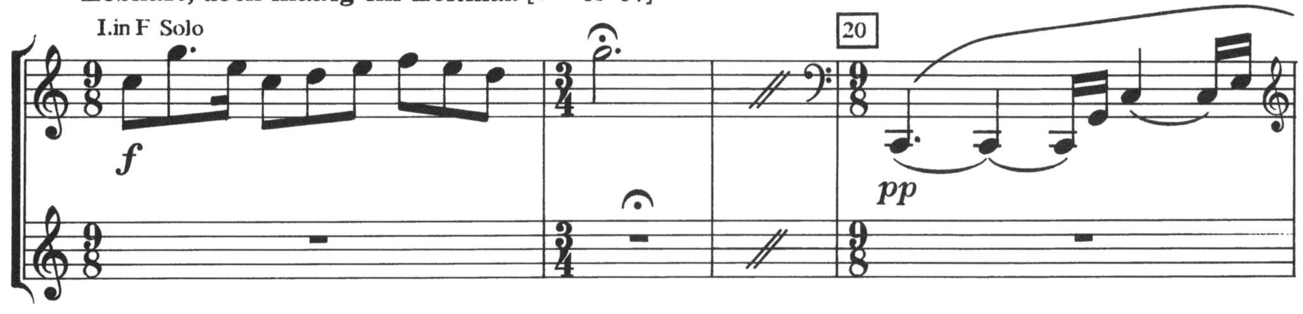

Parsifal

3. Aufzug
(Gurnemanz: „... am heiligsten Morgen heut.")

Richard Wagner

Siegfried-Idyll

Richard Wagner

Der Freischütz

Ouverture

C. M. von Weber

Orchester-Probespiel für Wagner-Tuba

Sinfonie Nr. 7
E-Dur / E major

2. Satz

Anton Bruckner

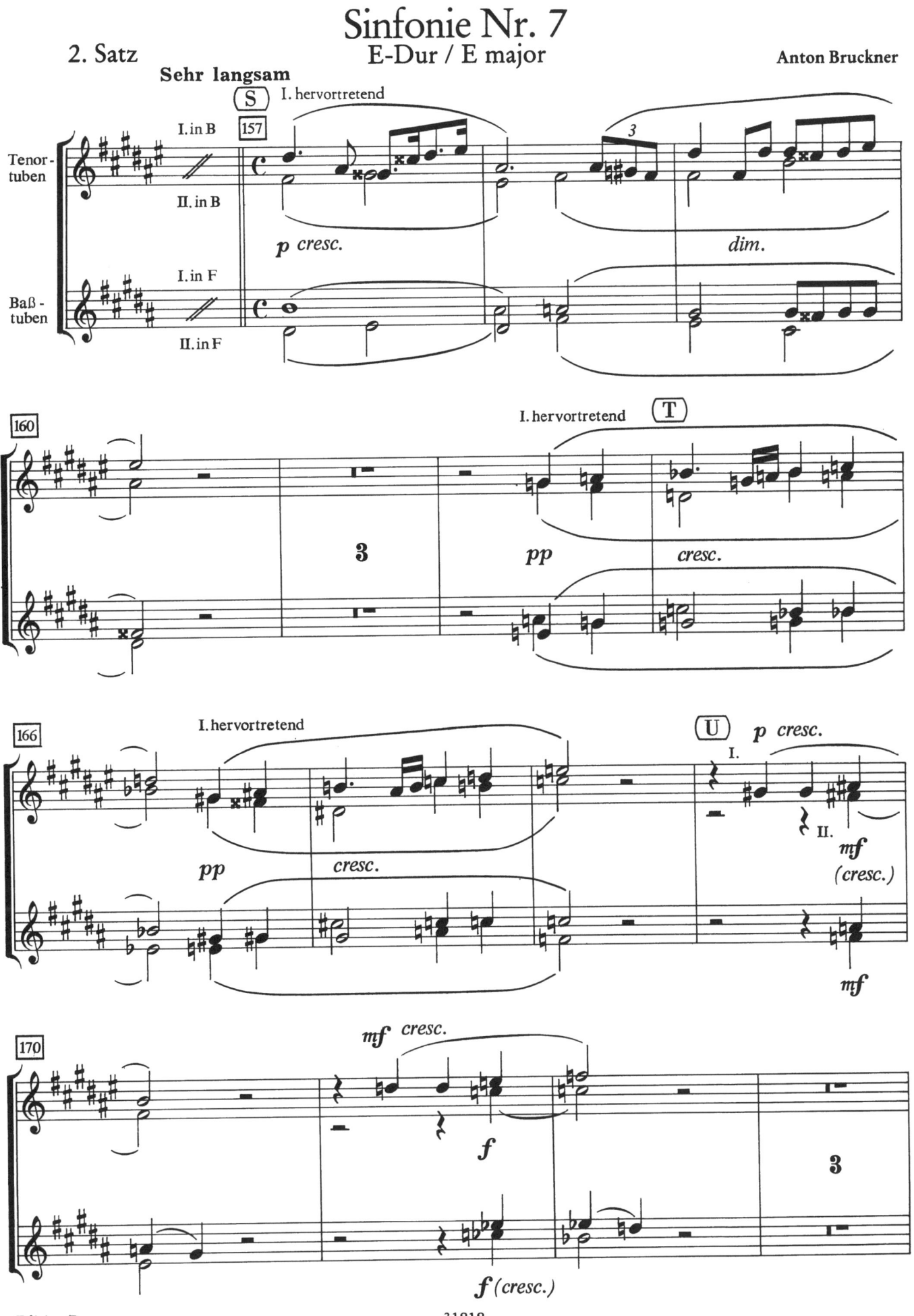

Wagner – Tuba

4. Satz

Elektra

Richard Strauss, op. 58

© 1908 by Adolph Fürstner
© assigned 1943 to Boosey & Hawkes Inc.
© renewed 1946 by Boosey & Hawkes Ltd.
Alleinvertretung für Deutschland, Italien, Portugal und die Länder der ehem. Sowjetunion:
B. Schott's Söhne, Mainz.

Das Rheingold

2. Szene
(Freie Gegend auf Bergeshöhen)

Richard Wagner

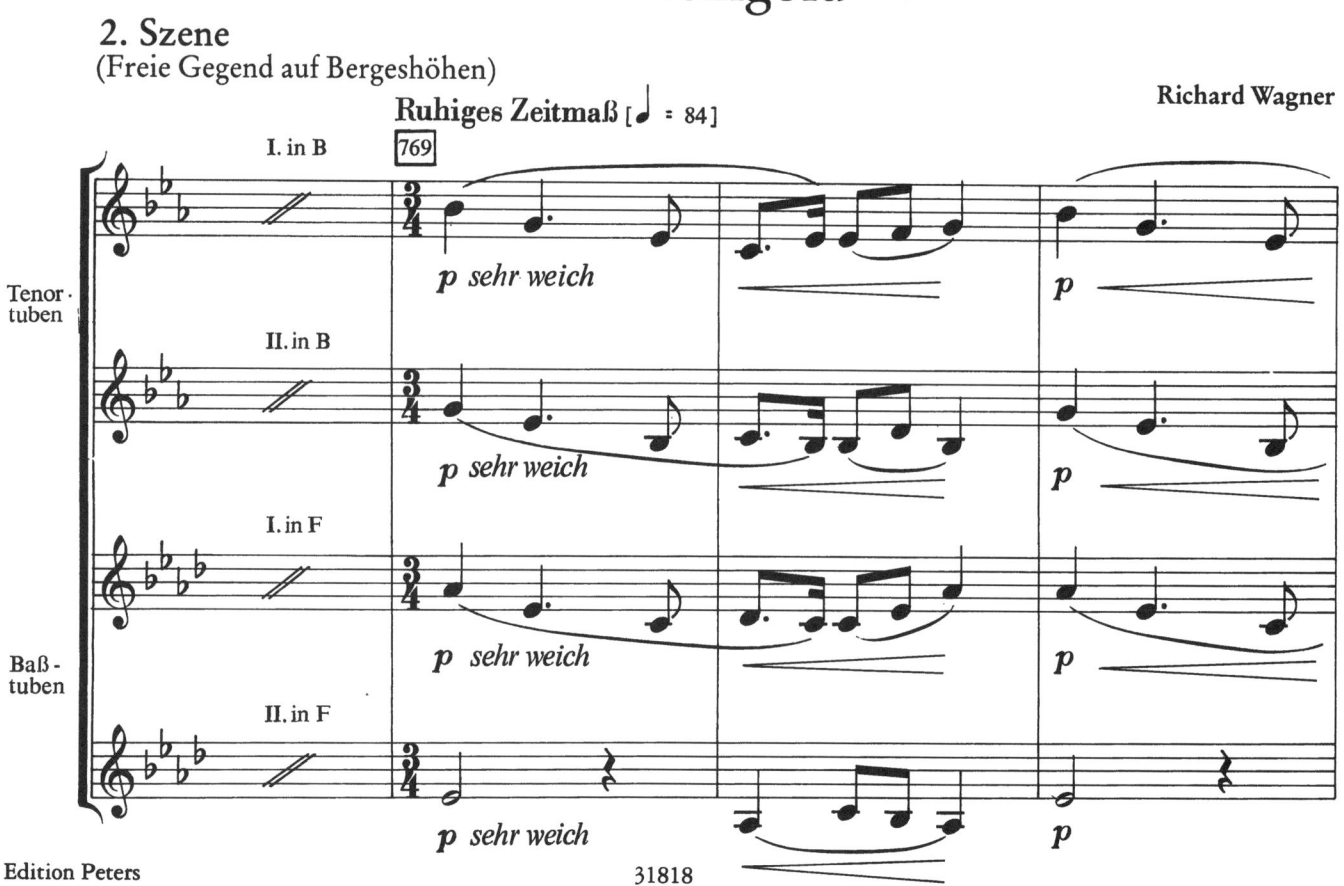

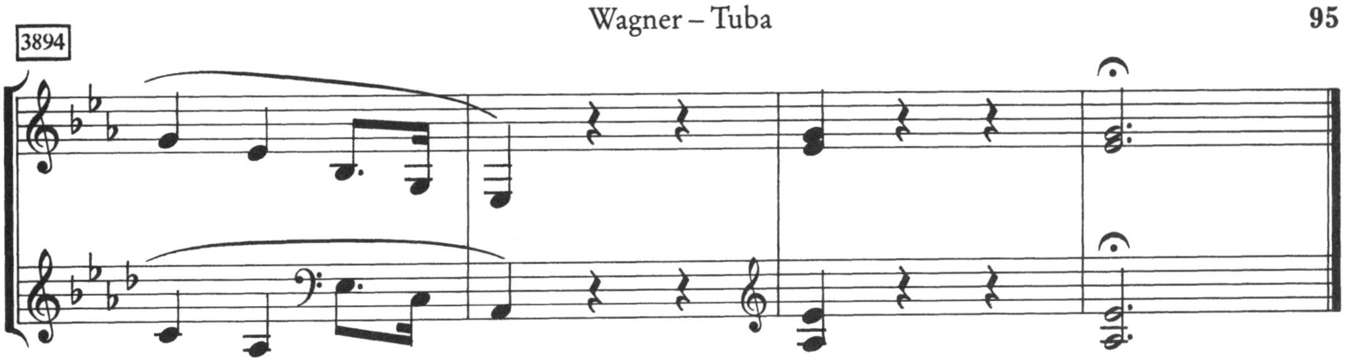
3894

Siegfried

2. Aufzug

2. Szene

Richard Wagner

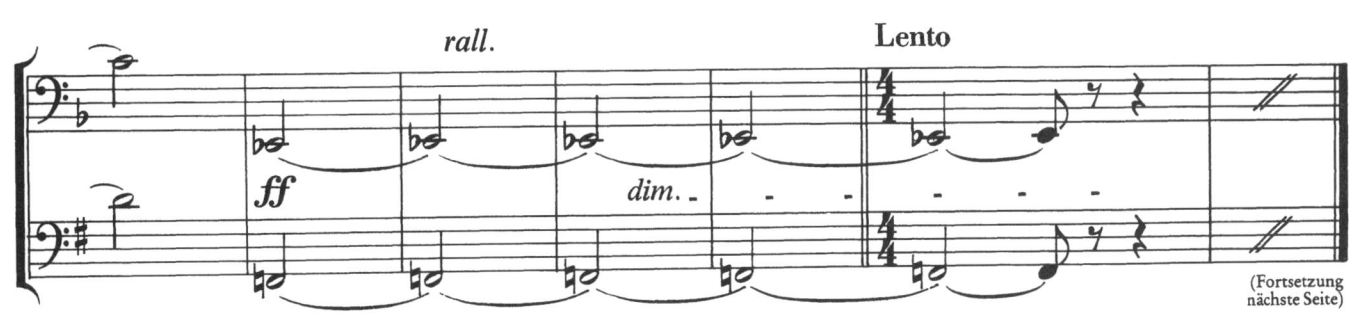

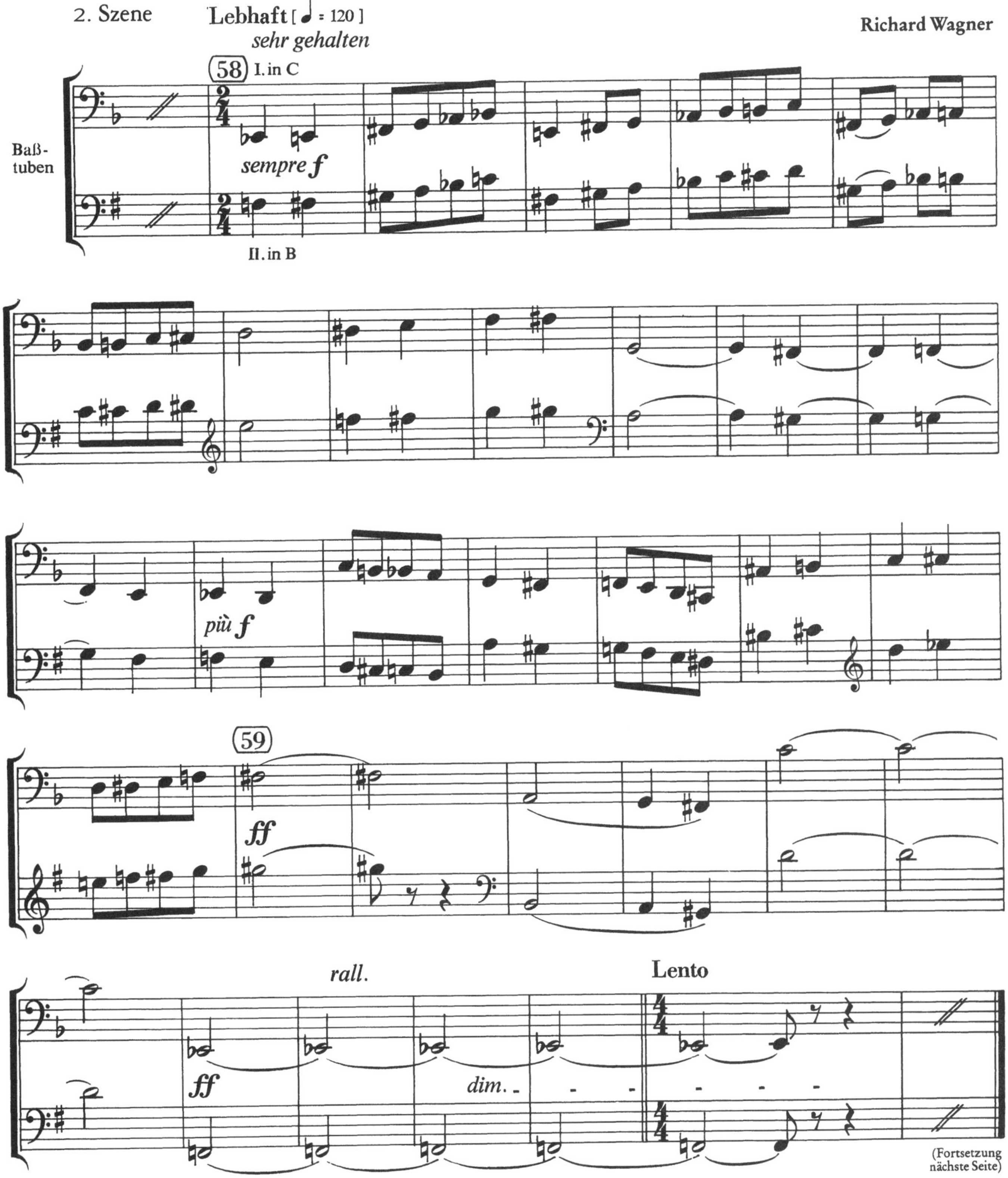
Lebhaft [♩ = 120]
sehr gehalten
58
I. in C
Baß-tuben
sempre f
II. in B
più f
59
ff
rall.
Lento
ff
dim.
(Fortsetzung nächste Seite)

3. Aufzug
Vorspiel

Wagner–Tuba

Lebhaft, doch gewichtig [♩= 120]

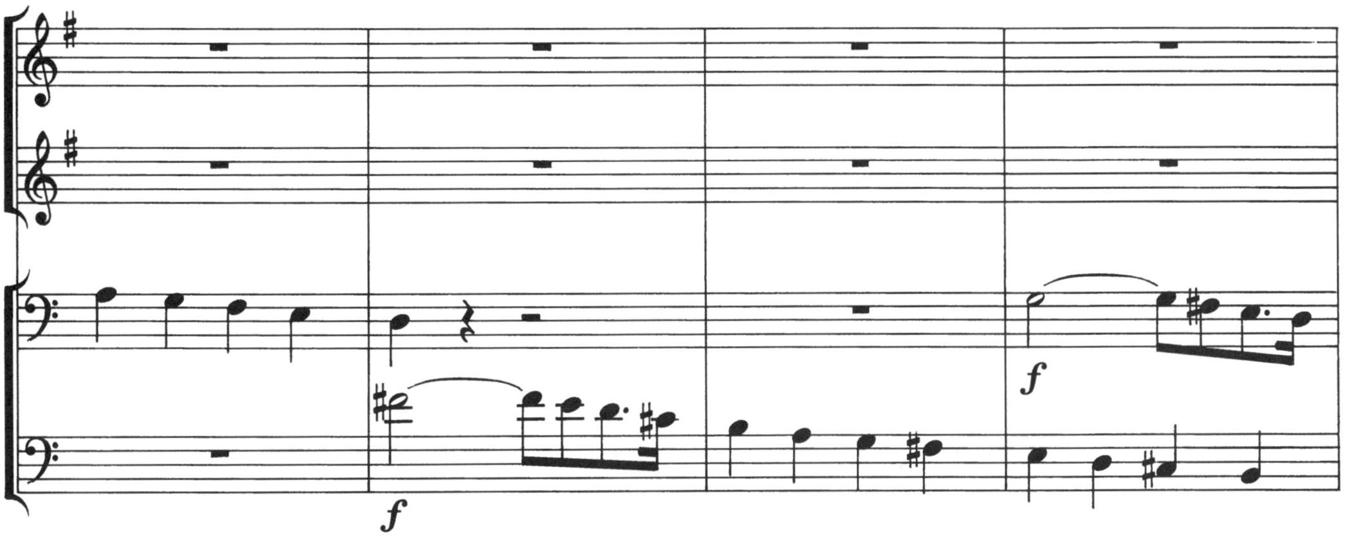

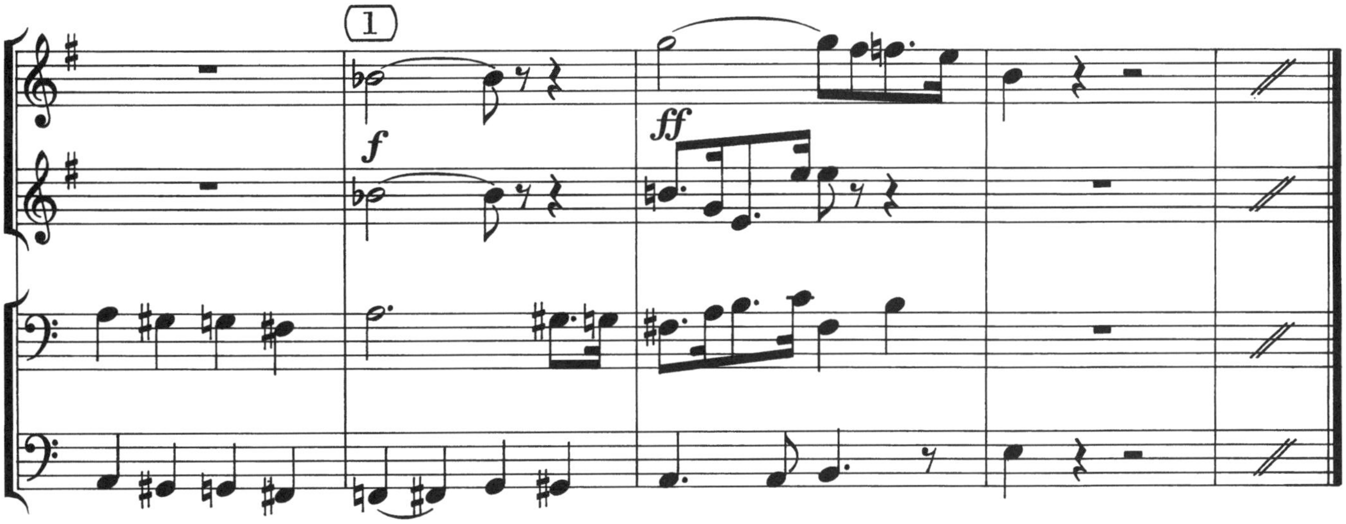

Die Walküre

1. Aufzug

Vorspiel

Richard Wagner

Stürmisch [𝅗𝅥 = 104]

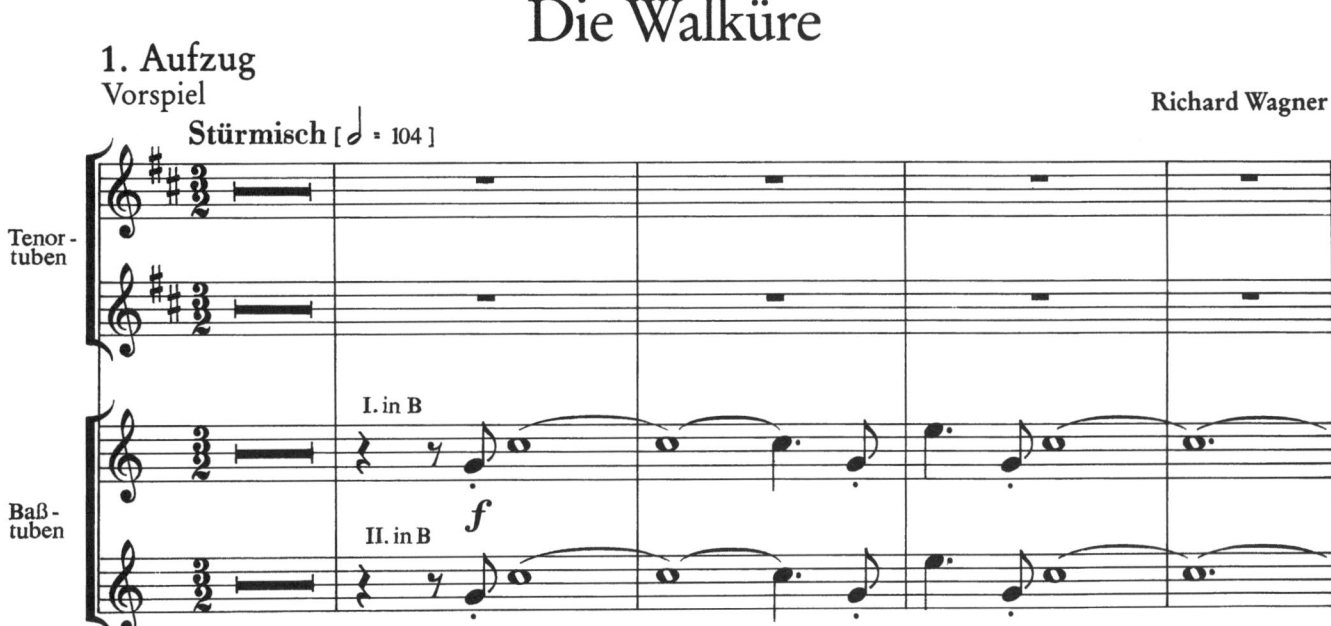

98

Wagner – Tuba

2. Szene

Sehr gemessen und bestimmt [♩ = 96]

Edition Peters
31818

Wagner – Tuba

2. Aufzug
4. Szene

Sehr feierlich und gemessen [♩ = 96]

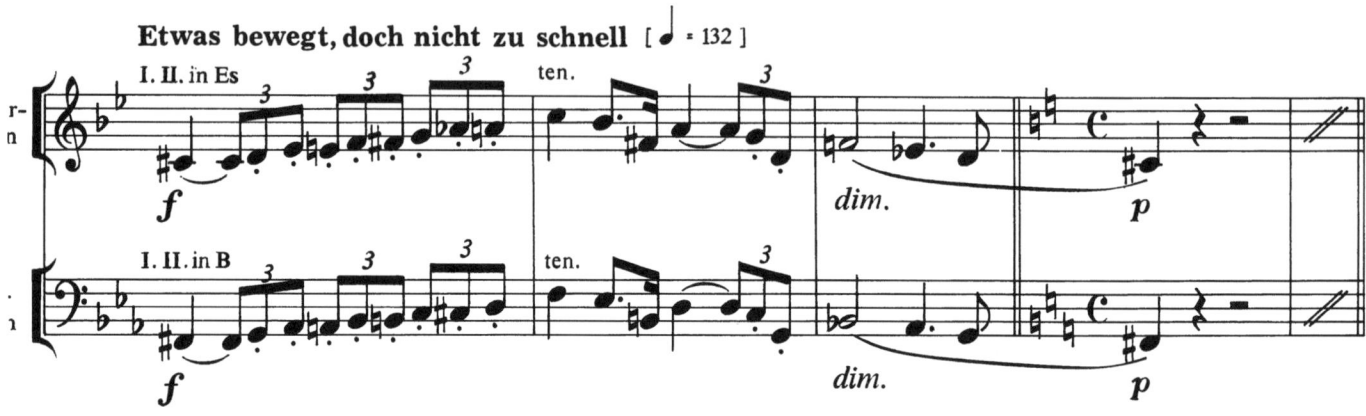

5. Szene

Götterdämmerung

3. Aufzug
2. Szene

Sehr langsam und feierlich

Richard Wagner